색소폰 연가

_____ 님께

고운 인연에 감사드립니다.

_____ 드림.

20 . .

색소폰 연가

초판1쇄 발행 2023년 07월 10일

지 은 이 문태현
펴 낸 이 박선해
펴 낸 곳 도서출판 신정

주소 경상남도 김해시 우암로 36, 뜨란채 아파트 311동 1004호
전화 010-3976-6785
전자우편 sinjeng2069@naver.com
출판등록 김해, 사00008. 2020년 9월 22일

ISBN 979-11-928070-1-0 03810

정가 12,000원

* 저자의 의도에 따라 작품의 보조동사와 합성(=합성명사)어는 띄어쓰기나 방언에 따라 표현이(기타 등) 달라질 수가 있습니다.
* 이 책은 저작권법에 따라 보호받는 저작물이므로 무단전재와 무단복제를 금지하며, 이 책 내용의 전부 또는 일부 내용을 재사용하려면 사전에 저작권자와 도서출판 신정의 동의를 받아야 합니다.
* 잘못된 책은 교환해 드립니다.

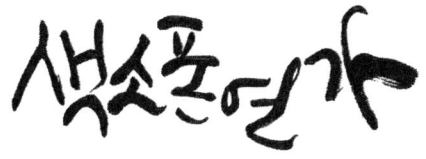

문 태 현 시집

도서출판 신정

■**작가의 말**■

시집을 펴내면서...

중년의 나이에
시향을 널리
전하고픈 마음에 한 수 한 수
떨리는 손으로
시를 써내려가는
아름다운 글...

신정문학 박선해
회장님 도움으로
첫 시집이 발행되었습니다.

부족한 정성
아름답게 읽어주세요.
감사합니다!

차례

- 작가의 말 ································ 4

  녹 슬은 기찻길 ···························· 8
  녹 슬은 기찻길 2 ·························· 10
  기찻길 ································ 12
  기찻길 2 ······························ 14
  기찻길 3 ······························ 16
  기찻길 4 ······························ 18
  봄 수선화 ······························ 20
  봄 수선화 2 ···························· 22
  꽃과 나비 ······························ 24
  엄마 ································ 26
  야생화 ································ 28
  기러기 사랑 ···························· 30
  기러기 사랑 2 ·························· 32
  계절 ································ 34
  어느 시인의 목마 ························ 36
  봄 장미 ································ 38
  봄 장미 2 ······························ 40
  색소폰 연가 ···························· 42
  색소폰 연가 2 ·························· 44
  야생화 2 ······························ 46

야생화 3	48
나는 장미꽃	50
버들강아지	52
엄매 송아지	54
풍류	56
봄의 계절	58
석양	60
석양 2	62
시의 향기	64
연화도	66
저녁노을	68
인연	70
고향	72
여명	74
여명 2	76

- **맺음의 글** ········· 78
- **발행인의 말** ········· 79
- **축하메시지** ········· 80

녹 슬은 기찻길

뚜벅뚜벅 녹 슬은 철길을
정처 없이 걷는다

이곳 옛날에는
기차화통에선
검은 연기 뿜어내며
열차가 달릴 때
객석에서 서로
마주보며 손 흔들었었지

그때 개울가에서
가재 잡던 친구들
지금은
어느 하늘아래서
행복하게 살고 있을까

녹 슬은 기찻길 2

푸르른 하늘아래
먼 산하에는
산천초목
옛날 그대로이련만

논두렁에는
황새 두루미 먹이 쪼며
힘찬 날개 짓으로
남과 북을
자유로이 오고 가건만

여기
녹 슬은 철길,
멎은 지 오래다

기찻길

세월은
흘러 흘러서
무수한 시간이 지나고

어릴 적 저 멀리
철길에서
들려오는 기적소리

기찻길 2

녹 슬은 철길을
걷다 보니
어느 덧
최북단 도라산역
삼팔선 북단 마지막 역
앞 팻말에
철마는 달리고 싶다

팻말 앞에 서서
철책선 너머에는
북한 땅
가슴이 메어져
나도 모르게
눈물이 흐른다!

기찻길 3

매일매일
기차 시간이 되면
멀리서 가까이
조용히 칙칙 폭폭
기차화통에선
검은 연기 품으며
지나갈 때마다
나의 작은 손을 흔들리고
기차 객석에서
나를 반기는 손짓을 본다

기찻길 4

봄에는
삐삐 풀 꽃순을 뽑아서
꼭꼭 씹어 먹으면
달콤한 맛이,
진달래 진홍빛
꽃잎 따다
입에 넣고
개울가에서
가재 잡든
그 때가 그립다!

봄 수선화

산 넘어
개울건너
찬란한 봄
태양아래
양지바른 언덕 위
아름다운 수선화 한 송이,

꽃

봄 수선화 2

지나가든 저기 농군
발길을 멈추고
날아가든 저 호랑나비
수선화 꽃잎 상처 날까

날개를
스푼이 사뿐히
그때 피었든 수선화
또 피었구나

그 미소가 아름다워라

꽃과 나비

양지 뜸
산기슭에
올망졸망
들꽃들이
모여서
소곤소곤
얘기를 나누는데
나비는
꽃잎 사이로
숨어 앉아
엿듣는다

엄마

울 엄마
나 어릴 적
배고파 칭얼댈 때
옷고름 풀어 젖혀
젖 물리며 웃으셨네

포근한 엄마 젖가슴
그리워라 지금도
엄마의 가슴

울 엄마 어릴 적
나를 위해
가슴에 얼굴 묻고
젖 먹였을 때
엄마 가슴 그 행복

호기심에
가슴 유두 꼭 깨물어
엄마 손 나의 뺨을 꼬집어
깜짝 놀란 나는
후회했던 어릴 때 있었지
그 순간을 기억 한다네

야생화

따스한 햇살 아래
예쁘게 피어나는
이름 모를 야생화는
봄바람에 리듬 맞춰
흥겹게 춤을 추면서
환한 미소 짓는다

기러기 사랑

연화도 수국 꽃내음
향기 나는 오솔길 따라
우린 바닷가 작은 카페에서
향이 짙은 블랙커피 마시며
파도가 밀려와 바위에 부딪혀
하얀 거품이, 파도는
다시 밀려와
바위에 부셔지니
파도소리가 아름다운 음악리듬

그리고 사랑

기러기 사랑 2

바다 멀리 고기잡이
돛단배 위로 창공을 나는
외로운 기러기 한 마리

울음소리 애처로워
가족을 찾는 목소리
수평선에 해 기울고

어둠 땅거미가 내려
외로운 기러기는
둥지로 가면
사랑하는 가족이
오늘밤은 밤하늘엔
별빛이 유난히 반짝이는 밤

기러기 가족은 행복할거예요

계절

아름다운 꽃은
계절이 바뀌면
자연히 시들고

푸르른 나뭇잎 세월 속에
아름다운 낙엽색 물들고
가을낙엽 색색 아름다움
추운겨울 나뭇가지에
이별을 거역하며

하얀 눈이 내려도
나뭇가지에 매달려 아쉬운 듯!
낙엽 지는 가을이 좋아요

어느 시인의 목마

단풍잎 곱게 물들어가는
창가에 앉아
저녁노을 바라보는 하루

흐르는 블랙커피 향,
그 쓸쓸한 잔속에서도
고운 낙엽 풍경이
아스라이 비추이고
중년의 가슴에도 와 닿는다

또 낙엽 한 잎 땅에 떨어지면
시인의 가슴에 쌓여가는 외로움
흐르는 세월 속 스쳐가는 구름 같으리

중년의 가슴마저 낙엽 되는
저 고운...

봄 장미

오월은 여왕의 계절이라 하네
아름답고 화려한 봄 장미

새벽에 피는 장미는
어여쁜 숙녀처럼...

아침에 피는 장미는
새벽에 내린 이슬에 젔어

면사포를 쓴 신부처럼,

봄 장미 2

뜨거운 태양아래
피는 장미는
세계 최고
오스카 대상을 받은
여인처럼 화려한 모습...

장미꽃 색상 따라
각각 다른 향기가
지나가는 연인들의
발길을 멈추고

계절의 왕 오월에
피는 장미는
여왕을 상징하는
깊은 뜻 아닐까요?

색소폰 연가

시골 마을 어귀
정자나무 아래 벤치에 앉아서
들에는 이름 모를
야생화 민들레 고운 자태를
아름다운 색색으로 물들이고

저기 야산 아랫마을
시골집에서 저녁준비 하느라
집 모퉁이 굴뚝에서
하얀 연기가 안개처럼 날려서
그 누가 들려주는
아름다운 색소폰 연주 음악
나의 마음은 행복,
황홀하여라

색소폰 연가 2

서산에 붉은 해 기울고
서쪽하늘은 붉게
황혼이 물들고
우린 두 손 맞잡고
사랑을 불태우리
어디선가 울려오는
색소폰 음률
우리 사랑은 영원하리라

야생화 2

그대들은 이 아름다운
야생화를 보았는가

너의 아름다운 모습은 어디에서
왔을까

깊은 계곡 바위틈사이
추운겨울 눈보라 속에

그 겨울이 지나고
따듯한 봄기운
가지런히 피어나는
야생화

야생화 3

지나가는 등산객
발길을 멈추고
야생화에 숨어있는 아름다움
뇌와 마음속으로
깊숙이

어제도 아닌
내일도 아닌
지금 이 순간

심술궂은 봄바람이
세차게 불어와
야생화 꽃잎이
바람에 흔들려
비 발 디 사계 중
"봄"
음악 리듬이
들리는 듯해요

나는 장미꽃

나무야 나무야
나는 장미꽃
항상 고맙게 생각해

아름다운 장미꽃을
피우기 위하여

추운겨울 눈이 가지사이로
장미꽃 피우기 위하여
많이 힘들었을 거야

오월에 아름답게
예쁘게 꽃 피울 거야

나무야 나무야
많이 고마워...

버들강아지

봄의 전령사 버들강아지
높은 계곡 졸~졸~
흘려 내리는 물줄기 따라
바위 틈 사이로 살며시
고개 내미는 버들강아지

털 모양이 뽀송뽀송
하얀 강아지처럼
너는 버들강아지
높은 하늘에는 뭉게구름
개울 물 위에 비추이고
개울 물속에 은빛
송사리 때 유유히 오가며
봄을 알려주는 버들강아지

시골 자연, 풍경이 아름다워라

엄매 송아지

시골 농부가
밭갈이하는 어미 소
옆에는 아기 송아지

어미 소는 농부와
열심히 밭갈이 하는
옆에서 오고 가며 따라다니면서
울먹이는 엄매~ 엄매~
울먹이는 목소리
농부가 잠깐휴식
그때 엄매 송아지
엄마 소 가슴에 얼굴을 묻고
우유를 먹기 시작했다

얼마나 배가 고파
맛있게 먹는 모습이
나 어릴 때 울 엄마 가슴에
얼굴 묻고 행복했던 생각에
엄매 송아지도 지금 얼마나 행복할까
생각하는 순간이다

풍류

저기 들녘에 외로이
나는 기러기야
말 물어보자구나

이조 조선 때부터
나라의 당파싸움 속에
왜군은 자유조선을
불법 침입하여
36년을 학살 만행...
역사는 흘러도
지금도 당파싸움 계속되니
서러운 국민은 설 곳이 없구나

봄의 계절

이른 봄 새싹을 띄우고
아름다운 장미는
여름의 계절에 밀려
꽃잎은 한잎 두잎 땅에 떨어져
아름다운 오월의 장미도
다음해에 꽃을 피울 자연 속
무더운 햇빛아래 계절은 가을...

가을단풍 아름다운 색색으로
물들어가는 계절
사계절 아름다운 가을단풍잎...

오래도록
간직하고픈 사랑의 느낌이어라

석양

가을 단풍 붉게
물들어가는 저 언덕 넘어
파도가 밀려오는
바닷가에 저녁노을
붉게 물들어가는
아름다운 수평선

석양 2

붉은 둥근 태양
태양은 서서히
바다 수평선 너머로
모습을 감추고

두둥실 떠있는
저녁석양
인생의 황혼 길도
아름다운 사랑으로
물들어 가리라

시의 향기

나는 운명의
그 시간에도
아름다운
시 한수를
후손에게 남기고
깊은 뜻을
남기며 전하고
싶어라
후손에게

삼국 통일정신
역사에 기리남아
그 정신 이어받고
이룩한 대한조선
그때 통일정신
옛말인가
우리 서로 선조님
정신 받들어서
통일을 앞당겨서
경제발전 이룩하여
후손에게 보람되게
삼국 통일정신
이어 갑시다

연화도

바닷가 작은 섬
연화도 바다를 가로질러
섬 오솔길 따라
자연의 작은 바위 길 따라
우린 마주 손잡고
등산로 따라 산행을...

봄에 아름답게 피었든 꽃잎은
시들어 땅에 바람에 날려서
무더운 여름 지나 숲 사이로
바다에서 불어오는
소금 향기 풍기는
바닷바람 억새풀
꽃잎이 바람에 흔들려
아름답게 춤을 춘다

객지로 떠난 섬 처녀 고향 그리워
잠 못 드는 밤 명절 때는
연화도 고향의 품으로...

저녁노을

가을 단풍 붉게 물들어가는
저 언덕 넘어
파도가 밀려오는
바닷가에 저녁노을 황금빛
물드는 수평선
붉은 둥근 태양
태양은 바다수평선
너머로 모습을 감추고
두둥실 떠있는
구름도 이별이 아쉬워 빛을 안고
빛나는 저녁석양
인생의 황혼 길도
저 고운 붉은 노을처럼
아름답게 사랑으로 물들어 가리라

인연

우연한 인연이 있고
자연적 인연이 있고
필연적 인연이 있다

옷깃만 스쳐도 인연이라
서로 눈빛만으로 전해지는 인연
영원한 인연으로 맺어
평생을 사랑행복으로
생을 동행하는 인연
그러한 인연은 알게 모르게
전생에서 맺어준 인연을
만나지 못하고 방황하고 있다

인간의 힘으로는 암흑 속에 머무는
결정적 전생의 인연에 접근할 후가 없다

노력하며 기다려라, 서로 사랑은 서서히
꽃향기 바람처럼 내게로 마주할 것이다

고향

들에는 이름 모를 야생화
아름다운 색색으로 물들이고

서산에
붉은 해 기울어 가면

동산 아랫마을 굴뚝은
저녁 준비하느라 분주해
하얀 연기 안개처럼
뿜어져 하늘을 오른다

담장 너머로 밥 먹으라는
어머니의 목소리가 정겹게 들려온다

여명

산 능선 따라
하늘을 보니
생동감이 넘쳐
세상 모든 것이
행복 그 느낌이어라

창 너머에는
가을 코스모스 꽃
이름답게 피어 있고
바람에 흔들려 춤을 춘다

가을 단풍잎 곱게
물들어가는 계절
인연의 향기

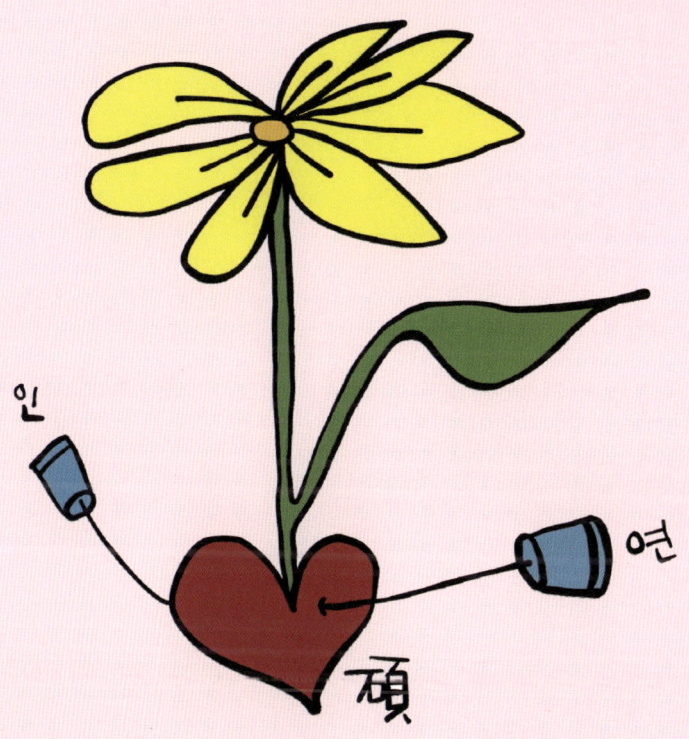

여명 2

새벽 동쪽 하늘에
여명의 붉은 햇살이 떠오르며
고운 빛 햇빛이, 모든 생의기운이
살아나는 좋은 아침

하루의 일과시간이 시작되는
밝고 새로운 활기를 전해주는
붉고 찬란한 고운 빛
거룩한 생명의 빛이어라

| 맺음의 글 |

글을 마치며...

석양은 가을 단풍처럼

붉게 물들어가는 저 언덕 넘어
파도가 밀려오는 바닷가에
저녁노을의 수평선을 바라봅니다.

붉은 둥근 태양
서서히 바다 수평선 너머로
모습을 감춥니다.

두둥실 떠있는 구름도
저녁석양은
이별이 아쉬운 모양입니다.

인생의 황혼길도 저 고운 붉은 빛,
아름답게 사랑으로 물들어 가겠지요.

몇 편 되지 않는 글들이지만
함께 해주신다면
마음 깊이 감사드리겠습니다.

여러분의 앞날에
귀중한 행복이 가득하시길 기원합니다.

| 발행인의 말 |

아련한 기억속의 추억을 쓰는 문태현 시인

박 선 해

　살랑살랑 봄의 꽃말이 여름을 부릅니다. 물씬한 풀빛은 신선한 바람으로 다가옵니다. 유년의 눈빛을 반짝여 보는 문태현 시인을 보았습니다. 마음의 자잘한 냉기들을 풀어내고 꽃잎 하나 내려앉는 봄의 꽃을 보며 어느 날은 시인만의 정원을 꾸밉니다. 장미정원과 시화로... 향기는 주변을 온기 한 줌 건네주는 마음씨 좋은 하루가 됩니다. 이때 봄 커피 한잔이면 금상첨화겠지요.

　봄날의 문 앞에서 들추고픈 문태현 시인의 추억을 그린 삽화와 시집이 탄생합니다. 넣어두었던 어둠을 불러내고 수준급 색소폰을 불며 시간으로 꽃을 심는 시인이었습니다. 꽃들이 몸살 하듯 사춘기를 지난 청년으로 어른으로 생애를 가슴 문태현 시인의 봄날에 성숙한 장미와 수선화의 향기가 뺨에 꽃물이 드는 것 같습니다. 하루의 끝에 독자의 손을 꼭 잡고 시집 속에서 함께하는 하루를 기다리고 있습니다.

　축하드립니다.

| 축하 메시지 |

색소폰 소리에 5월이 너울거린다.

최 병 석

   부드러운 음색이 장미꽃마저 춤추게 하는데 가슴속에 지니고 있던 열정이 색소폰 소리에 실려 잔잔한 시로 꿈틀 거린다.

   눈을 감은 채 새로운 운율로 눈을 뜨는 시집<색소폰 연가>에 귀를 기울여 본다. 무엇보다 달달한 음악에 몸을 맡긴 시집의 탄생을 축하드립니다.

   게다가 첫 시집이라니...
   시인님의 시들이 악보 속의 음표처럼 잔잔하다가 때로는 신이 나며 어떨 때는 격정적으로 독자들의 마음에 각인되어 반응하기를 소원합니다.

   계절의 여왕 5월에 장미향과 색소폰의 음색이 난무하는 문태현 시인님의 첫 시집 <색소폰 연가>의 발간을 거듭 축하드립니다.

   난생처음 모습을 드러내는 이 시집이 많은 독자들의 편안함이 되고 길라잡이가 되시길 바랍니다.
   축복합니다.

봄의 향기가 지나가고

정 예 은

꾸미지 않은 파란 여름 하늘이 눈앞을 드리우고 있습니다.

눈부신 하늘과 바다를 만날 수 있는 여름의 초입에서 하루 하루 두근거림을 안고 행복한 나날을 만끽하시길 바라겠습니다.

이번 개인시집 출간을 진심으로 축하드립니다.

문태현 시인님, 축하드립니다

김 세 경

이번에 삽화시집 발간하시게 되셔서 매우 축하드려요.

제 개인적으로 색소폰 연주 인상 깊었습니다.

색소폰과 음율이 있는 시로 감성 깊게 물들어 가시는 점이 멋있으세요.

앞으로도 많은 독자들과 따뜻한 감성 나누시길 바라며, 삶의 아름다움을 느끼시면서 살아가시길 기원합니다.

먼저 축하드립니다

이 다 솔

　문태현 시인님의 글을 읽어보며 본받고 배우며 깨닫고 성장하는 작가가 되도록 노력하겠습니다.

　앞으로도 승승장구 하시길 바랍니다.

　무더운 여름 건강 주의하시고 언제 어디서나 항상 응원하겠습니다.

　진심으로 첫시집을 출간하시는 것에 축하드립니다.

사랑의 연서장